AF263072

RÉPONSE A M. JEANNEL

par un Josselinais.

Une réputation méritée de science et de talent avait déjà précédé dans notre ville l'auteur du récit dont nous allons nous occuper. Aussi le public a-t-il d'abord accueilli l'article de M. Jeannel avec une sympathique curiosité. Mais cette première impression s'est promptement effacée à la lecture de l'*Excursion en Bretagne*. Nous allons tâcher de résumer ici les observations auxquelles ce travail a donné lieu. Comme ces observations portent sur presque tous les points, nous nous voyons forcé de le suivre pas à pas, tâche assez difficile eu égard à la marche sinueuse et parfois rétrograde du récit, des nombreuses disgressions et conversations qui s'y trouvent mêlées, et dont la présence, semblable à un lourd bagage, en détourne et retarde la marche.

Le goût de l'auteur pour la pointe, plus ou moins aiguë, se révèle dès la première ligne.

La ville de Josselin est en France. Oui, Monsieur; et si vous avez dédaigné jusqu'à présent notre dramatique histoire provinciale, peu digne sans doute de vous distraire de vos hautes études, du moins n'eussiez-vous pas dû oublier le règne d'Henri II, Plantagenet, l'envahisseur de la Bretagne, l'incendiaire de Josselin, ni celui de notre roi Louis-le-Jeune, qui confia le commandement de son armée, marchant contre le seigneur de Mâcon, à notre comte Eudes second, le glorieux fugitif, l'indomp-

1855

table défenseur de notre sol usurpé par un féroce étranger, et qui (nous pouvons le dire avec vous, *pour ceux qui savent le latin*) mérita l'épithète de *Strenuissimus princeps*, comme le dit un vieux chroniqueur. Et sans parler de plusieurs sièges et autres faits historiques assez remarquables pour faire connaître notre ville *à ceux qui entendent la matière*, ne suffit-il pas de se rappeler la bataille des Trente et la mort de Clisson (1), pour sentir l'inopportunité de cette indication géographique : *La ville de Josselin est en France.* Un philosophe ne peut ignorer qu'une ville tout comme un grand peuple ne vit pas seulement dans le présent ; elle vit aussi de son passé.

Après ce premier trait de satire décoché contre la ville, vient une mention du château, en faveur duquel M. Jeannel veut bien étaler tous les termes de la lingerie, pour exprimer la légèreté et la richesse de son ornementation ; et s'il le compare à un jabot de noces, c'est sans doute en souvenir des noces du vicomte de Rohan, qui put offrir ce joyau de granit à sa fiancée, la fille de l'un de ces ducs de Bretagne dont Henri IV disait : Ventre Saint-Gris, les ducs de Bretagne n'étaient pas de petits compagnons ! Mais, ne vais-je pas m'aviser de parler de nos *grossiers ancêtres*, et à quoi bon rappeler l'histoire ? N'est-il pas convenu que notre pays fut de tout temps une terre d'ignorance et de superstition, peuplée

(1) Le tombeau du connétable de Clisson existe encore dans une dépendance de l'église de Josselin ; on peut se demander comment il a pu échapper aux regards du redoutable observateur qui a vu de si petites choses.

de demi-sauvages qui *grouillent* comme des animaux immondes ? Il est vrai que cette province réclame, avec justice, l'honneur d'avoir vu naître Abélard, Robert d'Arbrissel, Michel Colombe, l'artiste original ; l'immortel Châteaubriand (à qui nous devons un bien beau chapitre sur les dévotions populaires), et un génie aussi puissant qu'égaré, l'auteur de l'*Essai sur l'indifférence*, etc.

Il est vrai aussi qu'elle a fourni trois sauveurs à la France, dans trois illustres connétables, et qu'aujourd'hui encore elle paie généreusement sa dette à la patrie sur une terre lointaine. Mais tout cela peut-il être un titre suffisant pour mettre en parallèle ces Bretons à l'*esprit infirme*, dont parle notre auteur, avec cette civilisation raffinée *gazouillante*, avec ces perruches, ces linottes gracieuses, ces dindons rougissants, ces étourneaux, ces paons méconnus, ces serins blasés et autres volatiles gazouillants qui peuplent les Champs-Élysées, et dont la corruption dorée se répand sur la société tout entière ? Consolez-vous, pauvres Bretons ; si vous ignorez cette civilisation affadie, vous demeurez forts, vivant et mourant, la croix dans le cœur, et votre front ne rougit pas en la portant. Un de vos poëtes n'a-t-il pas dit :

Pour la montrer à tous, lorsque je tiens la croix,
Le bras ni le cœur ne me tremble.

Mais il est temps de revenir du tout à la partie, c'est-à-dire de la Bretagne à la ville principale de l'ancien comté de Porhouët ; car c'est elle que l'auteur a daigné honorer d'une attaque toute spéciale. La principale rue de Josselin lui semble *platement laide ;* sans doute parce que, malgré les pertes qu'elle a faites, elle conserve encore quelque chose de cet aspect moyen âge si différent de l'aspect moderne, en ce que toutes les maisons ne ressemblent pas exactement à de grands cubes de moëllons. Puis, dans son désir de teinte locale, il la dit *écœurante*, en raison de son plan incliné. D'après le portrait peu flatté, à coup sûr, et passablement encrassé que l'auteur fait de notre *pauvre village*, dans un article qui ne ressemble pas mal à une balise destinée à prévenir le voyageur d'un bas-fond à éviter, comment comprendre qu'il se donne la peine de tracer un si minutieux itinéraire à l'usage des touristes de la Chaussée-d'Antin qui voudraient descendre jusqu'à nous? Car il n'oublie rien dans sa prodigieuse exactitude, ni les lieux, ni les détails d'hôtels, ni les voitures de première ou *moyenne vitesse;* et plus tard le prix des boissons vient compléter ces précieux renseignements.

Nous n'avons point à nous occuper du signalement que l'écrivain donne de la ville de Rennes : *grande, belle et sale ville, où la pluie est semi-quotidienne et la crotte endémique;* Rennes ne manque pas d'avocats capables de le défendre. Permettons-nous seulement, et à regret comme toujours, de ne pas être complètement de son avis. Nous sommes heureux de l'être à peu près dans le récit qu'il fait de la légende de Notre-dame-du-Roncier, sauf de légères variantes inévitables en pareilles matières, et une épithète qui nous a paru peu convenablement appliquée à la Sainte Vierge. En effet, si la mère de Dieu a daigné descendre dans notre ville, selon la naïve croyance populaire; si elle s'est revêtue des haillons de l'indigence, pour éprouver la charité des impitoyables laveuses, elle ne dut jamais, du moins, paraître une mendiante *sordide*.

Maintenant, il est un peu fatiguant pour nous de retourner à Ploërmel, après avoir assisté à une première scène d'aboyeuses sur la place de Josselin. Mais, n'importe ; nous voyageons avec un trop aimable compagnon pour reculer devant cette promenade rétrograde, d'où nous revenons par un sentier émaillé. Chemin faisant, nous suivons avec l'auteur un cours de botanique, auquel succède une verte et riante idylle qui peut bien rivaliser avec celles de Gesner, et dans laquelle les vaches rousses et *gares* foulent le gazon fleuri sous la conduite d'une jeune bergère. Il est fâcheux que cela se termine et aboutisse à des *tanières appelées maisons aux abords de Josselin.* C'est pénible de le dire, mais ces tanières ne nous paraissent pas plus pauvres que celles qui commencent les faubourgs de la plupart des autres villes ; et elles nous semblent même confortables et salubres, comparées aux terriers crayeux que se creusent au flanc des collines les paysans tourangeaux des bords de la Loire.

C'est avec un chaleureux empressement que nous nous associons aux éloges si bien mérités que le docte professeur veut bien donner au clergé breton, en général, et au vénérable curé de Josselin en particulier. On doit même le remercier d'être revenu plus tard sur cet éloge. Mais il n'a sans doute pas pris garde qu'en déversant à pleine écritoire ces accusations de crasse et de manque de soin sur l'église dont le digne prêtre est le gardien-né, il a blessé le digne pasteur dans ce qu'il a de plus cher, ce pasteur dont la chrétienne humilité a dérobé aux yeux du critique les aimables

1*

vertus qui le distinguent personnellement, et qui lui ont acquis l'attachement tout filial de ses paroissiens.

Inutile de parler de la dispute insignifiante de l'hôte de la Croix-d'Or et de sa femme, à propos de radis; et nous ne nous occuperons pas davantage des caquetages débités chez eux, non plus que d'une foule de menus détails et de descriptions qui nous entraîneraient trop loin. Ainsi, nous ne parlerons point de la foire de la Pentecôte, parce qu'elle n'a rien qui diffère de toutes les foires de France, et nous ne resterons pas plus longtemps à l'odeur des oignons et du cidre, qui a si péniblement affecté les nerfs olfactifs de M. Jeannel. Mais il est une autre particularité que nous serions coupable d'oublier, vu le soin particulier que l'écrivain a eu de nous le faire remarquer; c'est qu'il était *en habit noir* : cette tenue aristocratique forme un précieux contraste avec celle de certains fonctionnaires et fabriciens, dont les portraits peu flattés, pour ne rien dire de plus, grimacent appendus à son pilori. Nous ne devons point omettre non plus une coïncidence assez piquante, et que le docte professeur ignore probablement encore : au moment même où il qualifiait le tableau de la Vierge *d'enfumé* (apparence due à l'absorption des couleurs par le marbre qui leur sert de fond), l'auteur de cette peinture, présent lui-même à notre fête patronale, remarquait la personne du savant; et, frappé de sa romantique et pittoresque chevelure, de ses traits cyclopéens, sans oublier l'habit noir, bien entendu, il s'était empressé d'en tracer un croquis fidèle qui, de ses cartons, doit passer sous peu dans ceux de Cham ou de Dantan.

Remarquons, avant de passer outre, que dans notre ville il n'existe pour l'auteur qu'une seule monnaie ayant cours, c'est le liard. Il est entendu que l'on s'extasie devant une pièce de cinq francs, que l'on rêve toute sa vie d'une pièce d'or de vingt, et que l'on ne peut y croire à l'existence de billets de cent francs ; quant à ceux de mille, ce serait une nouvelle Californie. Pour consoler nos pauvres habitants de cet état de finances, le savant professeur eût dû charitablement leur conseiller la lecture d'un traité de certain philosophe antique, sur la pauvreté, ou, à défaut de cet ouvrage assez peu consolant, leur apprendre le refrain d'une chanson fort connue de Béranger.

Nous sommes heureux de quitter ce tableau de la misère bretonne, pour nous reposer dans une maison où M. Jeannel rencontre une gracieuse et spirituelle hospitalité. Pourquoi faut-il quitter si vite cet agréable salon, pour examiner l'état du chapeau du suisse de l'église, pour passer en revue ses galons ternis et pour constater qu'il se mouche ? Nous, à qui l'on présentait tout à l'heure les frais visages des quêteuses aux robes vaporeuses, nous à qui l'on faisait compter leurs bagues et leurs bijoux. Oh ! vie humaine ! voilà de tes vicissitudes ! tu nous présentes sans cesse le laid coudoyant le beau, la fange mêlée à l'or !

Rien de plus rigoureusement exact que les divers récits de scènes d'aboyeuses qui pourraient paraître un peu trop multipliées, malgré leurs variétés, pour ne pas fatiguer, et quelquefois dégoûter le lecteur *gazouillant* et *civilisé*. Puis au sujet de ces malades, l'auteur fait bonne et sage justice des calomnies et des déclamations colportées contre le clergé en corps, et particulièrement contre les différents curés de Josselin, qui, depuis des siècles, auraient tous été d'indignes faussaires, abusant de la crédulité publique, ainsi que les évêques de Saint-Malo, puis de Vannes, qui auraient tous été leurs complices.

Nous entrons ici dans une nouvelle division du travail que nous examinons ; et sans pouvoir, profane que nous sommes, fouler le sol médico-philosophique sur lequel l'auteur s'engage (que l'on veuille bien nous pardonner ce mot, que nous présenterons à l'approbation de l'Académie avec le verbe *déconstruire*), nous allons tâcher de suivre sa pensée et d'examiner si toutes ses conclusions reposent sur des données exactes. Pour cela, il est important de rétablir les faits, qui, mal rapportés ou dénaturés dans le récit recueilli par l'honorable professeur, ont pu quelquefois l'entraîner à des assertions plus ou moins justes. Il n'est nullement surprenant qu'un étranger ne les connaisse pas aussi exactement que les personnes qui les ont connus et observés depuis leur enfance. Nous dirons d'abord que la maladie pour la guérison de laquelle on vient implorer la Vierge du Roncier, n'est point aussi circonscrite qu'on veut le faire croire ; que le plus grand nombre des malades viennent de six ou huit lieues, et quelquefois de quinze et dix-huit, tandis que les exemples en sont fort rares dans les communes les plus voisines de Josselin, et à peu près inconnus parmi les habitants de cette ville. C'est là pourtant, d'après les opinions médicales de l'auteur d'une *Excursion en Bretagne*, que ce mal devrait être fort répandu, grâce à la vue contagieuse des malades, grâce à *la tradition* et à *l'isolement relatif de la population qui répugne instinctivement à s'allier avec les populations voisines, ce qui constitue des conditions spéciales agissant sur les organisations aux environs de Josselin.* Ajoutez à cela que les exemples masculins, quoique beaucoup plus rares, se rencontrent cependant, et avec une violence proportionnée à la force de ce sexe ; que tous les malades ne sont pas violentés pour embrasser la relique, plusieurs même le font par la seule force de leur volonté ; ce qui est exceptionnel, à la vérité. Et cependant cette volonté est souvent impuissante à retarder l'accès ; ce qui le prouve, c'est que M. l'abbé Caradec, ancien curé de Josselin, ayant défendu à ces malheureux l'entrée de l'église pendant les offices, ils se roulaient dans les rues et aux portes de cet édifice, et l'on fut obligé, au bout de quelques années, de leur rendre les entrées libres. Il faut aussi remarquer que ces malades habitent des lieux fort distants les uns des autres, ne se connaissent point entre eux, parlent souvent une langue différente, et quelquefois ne sont jamais venus dans notre ville avant d'accomplir cet humiliant pèlerinage. Ils n'ont pu en ce cas y puiser le germe de leurs souffrances. Si la presque généralité de ces malheureux sont violentés pour traverser l'église et pour y baiser le tronc, il ne faut pas oublier qu'ils viennent jusque-là de leur propre mouvement, et qu'ils sollicitent quelquefois leurs parents de les porter à la statue plus vénérée que *redoutée* de ces braves gens.

Quant au miracle, en ce sens qu'il soit un renversement des lois naturelles, rien ne semble indiquer qu'il existe dans ces cures de maladies probablement nerveuses, comme tend à le prouver le raisonnement du savant professeur. Mais sans nier en rien les effets naturels des réactions dans les maladies de cette nature, ainsi que dans les maladies mentales, avec lesquelles elles semblent parfois se confondre, quel homme chrétien oserait nier que la ferveur de ces âmes naïves et leur confiance filiale ne puissent leur obtenir des grâces proportionnées au degré de leur foi? Faut-il aussi conclure que *les lenteurs d'une neuvaine* et *d'une communion votive* ne puissent obtenir une semblable faveur? Ce n'était probablement pas l'opinion du Pape Alexandre VII, qui, par un bref en date du 5 septembre 1665, bref confirmé par ses successeurs, accorda des indulgences spéciales au pèlerinage de Notre-Dame-du-Roncier.

Pour ce qui regarde la découverte de cette statue dont, suivant quelques données historiques appuyées de la tradition, et de l'ouvrage du père Irénée de Joseph-Marie, on pourrait en faire remonter la date jusqu'à l'an 808, elle semblerait avoir contribué au choix que fit de ce lieu Guethenoc de Porhouët, en 1026, pour y bâtir un château, première origine de notre ville. Les circonstances de cette invention ont pu être simplement providentielles, comme le dit l'écrivain; ne peut-on pas croire qu'il en est ainsi pour toutes les statues et images regardées comme d'origine céleste, ou, pour me servir du mot adopté par un auteur célèbre, achéïropoïètes? (1) Mais ce soin même que Dieu semble avoir pris de nous les donner pour exciter notre foi, pour nous inspirer plus de ferveur, nous semble indiquer aussi l'intention de nous accorder des

______

(1) Non faites de mains d'homme; de trois mots grecs, α privatif, χείρ, main, ποιέω, je fais.

grâces ; et il n'est pas besoin de rappeler poétiquement les vœux, les prières de nos pères devant ces images, pour nous les faire vénérer plus que tous les *brimborions commémoratifs* ou *historiques.* S'il ne nous en reste qu'un débris, nous répondrons avec le paysan supposé que l'auteur fait figurer dans sa conclusion, que ce *singulier objet de dévotion*, comme il le dit précédemment, *est toujours la Vierge, quand même la statue ne serait pas la même.* Il n'est sans doute pas besoin de répéter ce que l'auteur dit avec raison aux gens qui veulent substituer la danse au pèlerinage ; il leur répond avec des faits et des chiffres contre lesquels on ne raisonne pas ; et, tout comme lui, nous aimons mieux être *catéchisé par des gendarmes* que de supporter la *pateline et superbe compassion de ces géants de l'intelligence, assez indulgents pour daigner trouver bon que notre infime petitesse se repaisse de ces superstitions.* Si donc le pèlerinage Josselinais n'est qu'une ridicule momerie, s'il est la source première d'une maladie physique ou mentale (ce que nous nions), le clergé est coupable de le tolérer, et le *sous-préfet* ainsi que le *maire* doivent faire *leur métier* pour s'opposer à cette exhibition de convulsionnaires, dût-on répéter ces vers si connus :

> De par le roi, défense à Dieu
> D'opérer miracle en ce lieu.

Mais s'il repose sur un véritable principe de foi, si de nombreux malades viennent y puiser des consolations et y obtenir des grâces, ce que semblent prouver les antiques procès-verbaux du XVIᵉ siècle, signés de nombreux témoins et conservés par l'historien de Notre-Dame, nous ne pouvons y voir ce qui peut blesser notre civilisation actuelle, ni ce qui peut valoir cette avalanche de railleries et de pointes à une ville qui ne se distingue de la plupart des autres du même ordre que par son magnifique château et par ses nombreux et glorieux souvenirs.

Mais, dira-t-on, ce n'est pas l'auteur qui parle ainsi, ce sont les personnes qu'il a rencontrées et qu'il fait agir et parler dans son article. Soit : quand j'assiste à une représentation de marionnettes, je ne m'en prends pas aux poupées de ce qu'elles disent ou font, je ne considère que celui qui les fait mouvoir et parler ; et l'homme qui répète un mauvais compliment, qu'il dit avoir entendu, peut toujours craindre qu'on ne le soupçonne d'en être l'auteur.

Nous ne voulons point terminer cette analyse sans exprimer la haute estime que nous professons pour les talents et la science de l'auteur de l'*Excursion en Bretagne*. Mais comme enfant de Josselin, nous n'avons pu voir persifler notre patrie sans repousser une attaque si peu motivée, tout en regrettant qu'une plume plus exercée n'ait pas entrepris cette tâche bien au-dessus de nos forces.

E. DE BREHIER.

Rennes. — Imp. de Ch. Catel et Comp.